# GREEN SMOOTHIES

## · LA BIBLE ·

# Fern Green

GREEN
SMOOTHIES

· LA BIBLE ·

## Marabout

# SOMMAIRE

# INTRODUCTION

## Prendre soin de son corps

Aujourd'hui, nous semblons mieux savoir que par le passé comment contrôler les maladies et le processus de vieillissement. Nous sommes conscients qu'il est important de prendre soin de notre corps et à quel point il peut être bénéfique de bien manger. Avoir une alimentation saine influe sur notre niveau d'énergie, permet de se sentir bien dans son corps et d'avoir une vision plus positive de la vie en générale.

Parce que nous entendons souvent que la cuisson des aliments peut détruire les bons enzymes et altérer les nutriments, nous sommes à la recherche de moyens simples et rapides pour manger cru.

Préparer des jus et des smoothies est une excellente manière de consommer de nombreux fruits et légumes. Prenez une poignée d'épinards, ajoutez une ou deux pommes, passez-les au blender ou à l'extracteur de jus et le tour est joué : vous obtenez une boisson verte originale et très nutritive. Si vous optiez pour une salade d'épinards, il vous faudrait en manger beaucoup pour ingérer autant de vitamines et de minéraux que ceux contenus dans votre jus ou smoothie.

Vous trouverez dans ce livre des astuces utiles et des idées de recettes géniales qui risquent de vous rendre rapidement accro à ces jus et smoothies aux légumes. Que vous souhaitiez perdre du poids, lutter contre la fatigue, combattre la maladie ou tout simplement être en meilleure santé, intégrez-les dans votre régime alimentaire ; leurs effets bénéfiques se feront peu à peu ressentir.

## Les 5 vertus principales des boissons aux légumes verts

Grâce à ces jus et smoothies, vous pourrez :

- Nettoyer, détoxifier votre corps et rétablir l'équilibre entre acidité et alcalinité pour prévenir les maladies et guérir les problèmes de santé.

- Diminuer votre dose de caféine quotidienne en faisant le plein d'énergie de manière naturelle.

- Faire manger des légumes aux enfants qui n'en sont pas très friands en les mélangeant avec leurs fruits préférés.

- Perdre du poids plus facilement en les consommant comme en-cas ou repas de substitution ; du fait de la présence d'antioxydants et de composés phytochimiques, ils vous apporteront de l'énergie.

- Purifier votre sang car ils regorgent de vitamines, d'enzymes et de chlorophylle.

## Jus ou smoothie ?

Optez pour l'un ou pour l'autre selon vos goûts. Préparés à base d'ingrédients crus, ils sont tous deux aussi nutritifs et bénéfiques pour la santé. La préparation de smoothies nécessite l'emploi d'un blender, tandis que vous aurez besoin d'un extracteur de jus pour obtenir des jus (voir nos conseils sur le matériel pages 8-9).

Pour réaliser un délicieux jus bourré de vitamines et de minéraux, il vous suffit de passer des fruits et légumes à l'extracteur de jus : lorsque vous le boirez, les nutriments pénétreront dans votre sang en quelques minutes et vous ferez ainsi le plein d'énergie. C'est la manière la plus rapide de consommer des légumes verts sains pour votre corps. En effet, l'extracteur de jus sépare le jus des fibres qui vont rester dans le réservoir à pulpe (mieux vaut le vider et nettoyer l'appareil immédiatement). Les fibres ralentissent l'absorption des nutriments qui ne sont libérés que lentement dans votre système.

Lors de la préparation de smoothies, la pulpe est mixée dans un blender et vous obtenez une boisson épaisse. Pour que votre smoothie soit plus facile à digérer, vous pouvez ajuster sa consistance à votre convenance en ajoutant de l'eau. Les smoothies contiennent des fibres issues des fruits et des légumes ; elles nettoient l'appareil digestif et le colon, aidant ainsi le corps à éliminer les déchets. Il est préférable de ne pas boire les smoothies trop rapidement mais de les siroter, sans quoi vous risquez d'avoir le ventre gonflé.

Boire un jus et un smoothie par jour peut fait des miracles pour votre corps ; essayez et vous verrez !

## Ingrédients verts

Vous aurez peut-être un peu de mal au départ à vous habituer à l'association des fruits et des légumes verts et serez sans doute tenté d'ajouter des fruits pour un goût plus sucré. N'hésitez pas à en intégrer dans vos jus et smoothies jusqu'à ce que leur goût vous plaise. La plupart des recettes de ce livre sont préparées avec environ 60 % de légumes pour 40 % de fruits (et parfois un peu moins).

Pensez à diversifier les légumes verts que vous utilisez dans vos smoothies et jus ; la variété est l'élément clé pour apporter à votre organisme tous les nutriments dont il a besoin. Et cela permet aussi de garder vos papilles en éveil !

# MATÉRIEL

## Blenders

Un blender est un ustensile très utile qui permet de préparer des smoothies mais aussi de nombreuses autres recettes délicieuses, comme les soupes et les sauces. L'achat d'un blender de qualité est donc un excellent investissement.

Optez pour un modèle avec une puissance de 1 000 watts, une vitesse de rotation élevée et un système de lames efficace. Vous obtiendrez ainsi des smoothies très onctueux, qui se boiront plus facilement.

Un blender bon marché risque de ne pas tenir très longtemps, surtout si vous l'employez régulièrement. Lorsque vous vous servez de votre blender, réglez-le dans un premier temps sur une vitesse faible puis augmentez progressivement pour bien mélanger tous les ingrédients.

Vitamix® ou Blendtec® sont des marques de blenders très réputées, utilisées par de nombreux bars à jus et à smoothies dans le monde. Projuice® a créé un blender milieu de gamme et un blender haut de gamme appelé Problend (les recettes de ce livre ont été réalisées avec le Problend 1390, qui fonctionne à merveille).

## Extracteurs de jus

On trouve désormais de nombreux extracteurs de jus sur le marché, plus faciles d'entretien que les premiers modèles. Cela semble être un argument de poids puisque beaucoup de gens renoncent à préparer eux-mêmes leurs jus en raison de la difficulté de nettoyage des appareils. Il existe différents styles d'extracteurs de jus, et la gamme de prix est très étendue. Relativement bon marché, les centrifugeuses fonctionnent à une vitesse élevée et permettent d'extraire le jus très rapidement. Les malaxeurs et les extracteurs à vis extraient le jus beaucoup plus lentement ; les jus obtenus s'oxydent moins vite et se gardent plus longtemps au réfrigérateur avant d'être consommés.

Parmi les centrifugeuses vendues sur le marché, les modèles de la gamme « Duo » de Magimix® sont excellents. La référence en matière d'extracteur de jus polyvalent est le VRT350 HD de Omega®. Très facile à nettoyer, il est équipé d'un système d'extraction de jus à faible vitesse et fonctionne très bien avec toutes sortes de légumes, et même avec l'herbe de blé.

Vous trouverez page 160 une liste de fournisseurs recommandés.

Basilic

Bok choy

Chou

Brocoli

# SUPERS LÉGUMES VERTS

Les légumes verts ont de nombreuses vertus et sont pleins de bons nutriments. Nous avons beau nous efforcer d'en inclure dans notre régime alimentaire, il est parfois difficile d'en manger suffisamment pour apporter à notre corps toutes les vitamines et minéraux dont il a besoin. En extrayant le jus des légumes ou en les mixant, on peut les consommer en quantités bien plus importantes.

Les légumes-feuilles possèdent des parois cellulaires constituées essentiellement de cellulose, un composant très difficile à décomposer pour le corps. La transformation de ces légumes en jus et en smoothies facilite l'absorption des nutriments par l'organisme.

## Basilic

Cet aromate est riche en nutriments nécessaires à une bonne santé cardiovasculaire. Le basilic est un anti-inflammatoire naturel et un inhibiteur de croissance bactérienne car il cible les toxines qui affectent la peau et les cheveux. C'est une bonne source de vitamine K, de fer, de calcium et de vitamine A, et une herbe idéale pour les personnes souffrant d'inflammations intestinales ou d'arthrite.

## Bok choy

Également connu sous le nom de pak choy, le bok choy est un chou chinois de la famille des brassicacées, très efficaces pour lutter contre le cancer. Il a une teneur élevée en vitamine K (près de la moitié de l'apport journalier recommandé). Le bok choy est également très bien pourvu en antioxydants et en bêtacarotène, qui a des effets bénéfiques pour la santé des yeux.

## Chou

Cette autre brassicacée est aussi une excellente source de vitamines K et C. Il en existe de nombreuses variétés de différentes formes, couleurs et tailles, dont le chou de Bruxelles, une version miniature du chou. Du fait de ses puissantes propriétés anti-inflammatoires, le jus de chou peut contribuer à prévenir ou à guérir les ulcères de l'estomac.

## Brocoli

Le brocoli est le légume roi de la famille des brassicacées qui permettent de lutter contre le cancer mais aussi le diabète, Alzheimer, les maladies cardiaques, l'arthrite, etc. Ce légume-fleur épaissira vos smoothies, il pourra donc être nécessaire d'y ajouter un peu d'eau. Vous pouvez également utiliser les tiges. Le brocoli contient des vitamines C, K, A et B9 (acide folique), ainsi que des fibres.

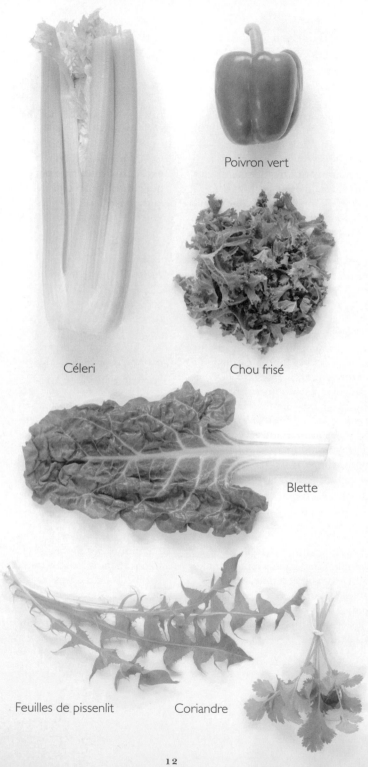

Poivron vert

Céleri

Chou frisé

Blette

Feuilles de pissenlit          Coriandre

## Céleri

Le céleri possède des propriétés rafraîchissantes qui participent au maintien d'une température corporelle normale. Il contient des minéraux qui régulent le niveau du pH du sang et neutralisent l'acidité. Membre de la même famille que le fenouil et le persil, il confère aux boissons un goût légèrement salé. Il peut être difficile à mixer car il est très fibreux, mais idéal pour préparer des jus.

## Blette

Il existe de nombreuses variétés de ce légume-feuille (verte, blanche, blonde, à carde rouge, à carde jaune) qui entre communément dans la catégorie des légumes verts. C'est un légume dense et qui se mixe bien. Plein de vitamines A, C et K, il est connu pour ses propriétés de régulation du taux de sucre dans le sang et anti-inflammatoires du fait de sa teneur élevée en phytonutriments.

## Feuilles de pissenlit

Riches en vitamines A et K, les feuilles de pissenlit sont réputées purifier le sang et le foie. Mieux vaut les mélanger avec d'autres légumes verts ou fruits sucrés dans les jus et smoothies car elles sont assez amères.

## Poivron vert

Juteux et croquants, les poivrons verts sont riches en silice et ont un effet bénéfique sur le teint. Ce légume est également une excellente source de potassium qui contribue à l'équilibre hydrique et de minéraux dans l'organisme afin de réguler la tension artérielle.

## Chou frisé

Autre membre de la famille des brassicacées, le chou frisé est une arme puissante contre le cancer de la vessie, du sein, du colon, des ovaires et de la prostate. Très bien pourvu en acides gras essentiels oméga-3, il permet de traiter l'arthrite et de soulager les inflammations. Contenant davantage de calcium par calorie que le lait, il est excellent pour la santé des os. La variété plus ferme est parfois coriace ; mixez bien jusqu'à la disparition de tous les morceaux.

## Coriandre

Cet agent purifiant naturel et puissant contient des composés chimiques qui mobilisent les métaux toxiques dans l'organisme et les font sortir des tissus. Très parfumée, la coriandre possède des propriétés antioxydantes, favorise la digestion et l'élimination des gaz intestinaux, apaise les inflammations et abaisse le niveau de sucre et de cholestérol LDL dans le sang.

Roquette

Laitue romaine

Épinard

Menthe

Persil

Cresson

## Roquette

En forme de feuille de chêne, elle s'utilise en salade et possède un goût poivré qui évoque la moutarde. C'est un membre de la famille des brassicacées et, par conséquent, un puissant légume anticancer. Riche en calcium, en vitamines A, C et K et en potassium, la roquette est un aphrodisiaque naturel qui favorise la digestion et aide à clarifier l'esprit.

## Épinard

L'épinard est un légume-feuille à la saveur douce, bourré de vitamines et de minéraux : vitamines A, C, B2, B6, B9 (acide folique), E, manganèse, magnésium, fer, calcium, potassium, etc. Ne l'employez pas cependant systématiquement dans vos jus et smoothies car il contient de l'acide oxalique, une substance qui peut se combiner aux métaux dans l'organisme et être irritant pour les reins. Les épinards sont bénéfiques pour le système digestif, mais aussi pour les os et la peau grâce à sa richesse en vitamines. Ce légume est recommandé pour perdre du poids car il procure une sensation de satiété.

## Persil

Très bien pourvu en acide folique, cette herbe très commune est capable de neutraliser certaines substances cancérigènes. Le persil favorise le métabolisme des glucides, la perte de poids et la détoxication du corps, et permet de rehausser les saveurs de vos smoothies, comme celle des tomates ou du céleri. Il se conserve au réfrigérateur pendant plusieurs jours après avoir été cueilli.

## Laitue romaine

Nourrissez votre cortex surrénal avec une ou deux laitues romaines ! Très nutritive, cette laitue permet de préserver l'équilibre de votre corps et stimule son processus naturel de détoxication. Riche en fibres, la laitue romaine nettoie le système digestif et fortifie les muscles et le cœur. Vous pouvez l'ajouter dans n'importe quel smoothie.

## Menthe

Pour apporter une touche de fraîcheur à une boisson, ajoutez quelques brins de menthe. La menthe contribue à détendre le corps et l'esprit, et est également réputée réduire les maux de tête et les nausées, et soulager le stress.

## Cresson

Ce légume-feuille au goût piquant contient de la vitamine A, de la vitamine C et du bêtacarotène. Il est réputé réduire les dommages de l'ADN des globules blancs et favoriser la circulation sanguine. Vous pouvez l'intégrer dans vos smoothies pour en relever le goût.

# UN PROGRAMME DÉTOX SIMPLE

Pendant le long processus de la digestion, nous dépensons une énergie considérable. Lorsque nous cessons de manger des aliments solides, nos organes ne sont plus autant sollicités ; notre sang et notre énergie sont alors libres pour parvenir au cerveau, au foie, à la peau, etc. C'est un peu comme des vacances pour l'organisme, qui peut alors se tourner vers les problèmes que nous négligeons habituellement : éliminer les toxines et nous reposer enfin.

## Avant

Si vous décidez de suivre un programme détox, facilitez-vous la tâche : quelques jours avant, arrêtez certains aliments et substances comme la caféine, l'alcool, la nicotine, le sucre raffiné, les produits animaux et le blé. Ainsi, ce sera plus facile lorsque vous ne prendrez plus que des aliments crus, des bouillons, des jus et des smoothies et boirez beaucoup d'eau.

## Pendant

Consommez des jus au moins toutes les une ou deux heures afin que votre corps absorbe des nutriments de façon continue. Buvez régulièrement de l'eau ou des tisanes. Couvrez-vous bien pendant votre cure détox car vous risquez d'avoir un peu plus froid qu'à l'ordinaire. Prenez du temps pour vous reposer ; votre corps en aura besoin.
Après les premiers jours de grosse détoxication, lorsque vous aurez assimilé des quantités de nutriments, vous aurez les idées très claires et vous éprouverez une impression de légèreté et une sensation d'euphorie naturelle.
Vous n'aurez pas de difficulté à vous endormir, votre sommeil sera profond, vous vous lèverez facilement le matin et ne serez pas fatigué dans la journée. Plein d'énergie, vous aurez bonne mine et un regard éclatant, votre poids s'équilibrera et vous vous sentirez en pleine santé.

## Après

Il est important de ne pas arrêter brutalement la cure détox.
Le premier jour, mieux vaut s'en tenir aux soupes et aux smoothies. Les quelques jours suivants, continuez à éviter les produits que vous aviez supprimés avant le début de votre programme détox, et réintroduisez-les progressivement dans votre régime alimentaire.
Ne testez pas ce programme détox si vous avez moins de 16 ans, que vous êtes enceinte ou que vous allaitez, que vous avez des problèmes de santé ou que vous êtes sous traitement médicamenteux. Si vous avez le moindre doute, consultez un médecin avant de vous lancer.

# VOTRE PROGRAMME DÉTOX EN SEPT JOURS

Ce programme vous indique la quantité de jus et de smoothies à consommer chaque jour. En suivant les recettes de ce livre, vous obtiendrez jusqu'à 300 ml de jus, et jusqu'à 700 ml de smoothie (selon la quantité d'eau ajoutée). Ce programme est très simple à suivre : chaque jour, buvez la quantité de jus obtenue et la quantité de smoothie obtenue avec une recette. Vous pouvez préparer vos boissons pour la journée à l'avance le matin, et les conserver au réfrigérateur en attendant de les consommer.

---

**1 PREMIER JOUR**    **Jus frais pour l'été** (voir pages 32-33)
**Smoothie Délice aux fraises** (voir pages 72-73)

| | |
|---|---|
| PETIT DÉJEUNER | 300 ml de Jus frais pour l'été |
| MILIEU DE MATINÉE | 150 ml de Smoothie Délice aux fraises |
| DÉJEUNER | 200 ml de Smoothie Délice aux fraises |
| MILIEU D'APRÈS-MIDI | 150 ml de Smoothie Délice aux fraises |
| DÎNER | 200 ml de Smoothie Délice aux fraises |

---

**2 DEUXIÈME JOUR**    **Jus vert aux fibres** (voir pages 28-29)
**Smoothie alcalinisant** (voir pages 86-87)
**+ shot ultranutritif Gingembre** (voir pages 144-145)

| | |
|---|---|
| PETIT DÉJEUNER | 300 ml de Jus vert aux fibres |
| MILIEU DE MATINÉE | 150 ml de Smoothie alcalinisant |
| DÉJEUNER | 200 ml de Smoothie alcalinisant |
| MILIEU D'APRÈS-MIDI | 150 ml de Smoothie alcalinisant |
| DÎNER | 200 ml de Smoothie alcalinisant |

*Prenez un shot ultranutritif quand vous en avez envie : Gingembre*

---

**3 TROISIÈME JOUR**    **Jus tonique à la roquette** (voir pages 22-23)
**Smoothie Pastèque** (voir pages 114-115)

| | |
|---|---|
| PETIT DÉJEUNER | 300 ml de Jus tonique à la roquette |
| MILIEU DE MATINÉE | 150 ml de Smoothie Pastèque |
| DÉJEUNER | 200 ml de Smoothie Pastèque |
| MILIEU D'APRÈS-MIDI | 150 ml de Smoothie Pastèque |
| DÎNER | 200 ml de Smoothie Pastèque |

**4** QUATRIÈME JOUR **Jus tonique au pissenlit** (voir pages 24-25)
**Smoothie Goji & mandarine** (voir pages 124-125)

| | |
|---|---|
| PETIT DÉJEUNER | 300 ml de Jus tonique au pissenlit |
| MILIEU DE MATINÉE | 150 ml de Smoothie Goji & mandarine |
| DÉJEUNER | 200 ml de Smoothie Goji & mandarine |
| MILIEU D'APRÈS-MIDI | 150 ml de Smoothie Goji & mandarine |
| DÎNER | 200 ml de Smoothie Goji & mandarine |

**5** CINQUIÈME JOUR **Jus vitalisant à l'herbe de blé** (voir pages 30-31)
**Smoothie Avocat** (pages 92-93)
+ **Lait d'amandes** (voir pages 150-151)

| | |
|---|---|
| PETIT DÉJEUNER | 300 ml de Jus vitalisant à l'herbe de blé |
| MILIEU DE MATINÉE | 150 ml de Smoothie Avocat |
| DÉJEUNER | 200 ml de Smoothie Avocat |
| MILIEU D'APRÈS-MIDI | 150 ml de Smoothie Avocat |
| DÎNER | 200 ml de Smoothie Avocat |

*Prenez un lait d'oléagineux quand vous en avez envie : Lait d'amandes, sans édulcorant (sirop d'agave)*

**6** SIXIÈME JOUR **Jus beauté à la betterave** (voir pages 36-37)
**Smoothie Aloe vera & laitue** (voir pages 122-123)

| | |
|---|---|
| PETIT DÉJEUNER | 300 ml de Jus beauté à la betterave |
| MILIEU DE MATINÉE | 150 ml de Smoothie Aloe vera & laitue |
| DÉJEUNER | 200 ml de Smoothie Aloe vera & laitue |
| MILIEU D'APRÈS-MIDI | 150 ml de Smoothie Aloe vera & laitue |
| DÎNER | 200 ml de Smoothie Aloe vera & laitue |

**7** SEPTIÈME JOUR **Jus Le purificateur** (voir pages 64-64)
**Smoothie Myrtilles & chia** (voir pages 134-135)

| | |
|---|---|
| PETIT DÉJEUNER | 300 ml de Jus Le purificateur |
| MILIEU DE MATINÉE | 150 ml de Smoothie Myrtilles & chia |
| DÉJEUNER | 200 ml de Smoothie Myrtilles & chia |
| MILIEU D'APRÈS-MIDI | 150 ml de Smoothie Myrtilles & chia |
| DÎNER | 200 ml de Smoothie Myrtilles & chia |

# JUS

*La préparation de jus est facile et très rapide ; vous avez simplement besoin de votre extracteur de jus, d'un couteau tranchant et d'une planche à découper. N'oubliez pas de peler vos agrumes si votre appareil n'est pas équipé d'un presse-agrumes, et faites attention à bien placer le récipient dans lequel vous recueillez le jus. Vous en obtiendrez entre 200 et 300 ml avec la plupart des recettes de ce chapitre.*

# JUS TONIQUE À LA ROQUETTE

*Salé et piquant*

### INGRÉDIENTS

½ brique d'eau de coco (environ 25 cl) • 2 poignées de roquette

1 pomme rouge • 1 petit bouquet de coriandre

1 piment jalapeño (ou plus ou moins, selon votre goût)

———————

Versez l'eau de coco dans un verre. Passez les autres ingrédients à l'extracteur de jus puis ajoutez-les dans le verre. Remuez avant de boire.

Aphrodisiaque naturel, ce jus favorise la digestion
et aide à clarifier l'esprit.

**D** *Détoxifiant* **I** *Immunisant* **SO** *Stimule l'organisme*

# JUS TONIQUE AU PISSENLIT
*Salé*

### INGRÉDIENTS
1 pincée de piment de Cayenne • ¼ de radicchio
1 poignée de feuilles de pissenlit • 25 g de gingembre
1 filet de jus de citron

Mettez le piment de Cayenne dans un verre. Passez le radicchio, les feuilles de pissenlit et le gingembre à l'extracteur de jus puis ajoutez le liquide obtenu dans le verre avec le filet de jus de citron. Remuez un peu avant de boire.

Ce jus riche en chlorophylle favorise le nettoyage des organes vitaux et a un effet bénéfique sur la peau.

**P** *Purifiant* **D** *Diurétique* **BM** *Booste le métabolisme*

# JUS TONIQUE À LA BETTERAVE
*Salé*

### INGRÉDIENTS
½ citron • 1 poivron vert • 1 betterave
2 branches de céleri • 3 radis
½ concombre • 1 cuillerée à soupe d'huile d'olive

Si votre extracteur de jus est équipé d'un presse-agrumes, utilisez-le pour presser le citron. Sinon, pelez-le et passez-le à l'extracteur de jus avec le reste des ingrédients. Ajoutez l'huile d'olive dans le verre et remuez.

Ce jus va booster votre métabolisme. Plein de potassium, il contribue par ailleurs à faire baisser la tension artérielle.

**I** *Immunisant* **SO** *Stimule l'organisme* **A** *Alcalinisant*

# JUS VERT AUX FIBRES
*Salé*

### INGRÉDIENTS
½ tête de brocoli • 1 petite grappe de raisins blancs
1 poignée d'épinard • ¼ de chou vert • 1 pomme rouge

―――――――

Passez tous les ingrédients à l'extracteur de jus.

Bourré de vitamine C et d'antioxydants, ce jus est efficace
pour résister aux maladies.

**FD** *Favorise la digestion* **BP** *Bénéfique pour la peau* **ES** *Enrichit le sang*

# JUS VITALISANT À L'HERBE DE BLÉ

*Salé… mais juste un chouïa !*

INGRÉDIENTS

2 poignées de roquette

2 poignées d'herbe de blé

2 oranges

---

Passez tous les ingrédients à l'extracteur de jus.

Faites le plein d'énergie avec ce jus stimulant
riche en vitamines A, C et K.

**BM** *Booste le métabolisme* **I** *Immunisant* **ES** *Enrichit le sang*

# JUS FRAIS POUR L'ÉTÉ

*Salé et désaltérant*

### INGRÉDIENTS

2 brins de basilic • 2 brins de menthe
2 poignées d'épinard • ½ concombre
½ citron • ½ citron vert • 25 g de gingembre

———

Passez tous les ingrédients à l'extracteur de jus.
Ajoutez une pomme rouge si le jus est trop acide à votre goût.

Ce délicieux jus est très bien pourvu en vitamines A et K.

**A** *Alcalinisant* **I** *Immunisant* **BP** *Bénéfique pour la peau*

# POIVRON VERT

*Salé et piquant*

### INGRÉDIENTS

3 piments jalapeño • 1 poivron vert
½ concombre • 2 poignées de roquette
1 pomme rouge

Passez tous les ingrédients à l'extracteur de jus.

Riche en calcium, en vitamine C et en fer, ce jus est également plein
de nutriments qui stimulent le système immunitaire.

*BM* *Booste le métabolisme* *AI* *Anti-inflammatoire* *ES* *Enrichit le sang*

# JUS BEAUTÉ À LA BETTERAVE

*Légèrement sucré*

### INGRÉDIENTS

2 betteraves • 1 grenade
1 grappe de raisins rouges • 1 filet de jus de citron

Prélevez les graines de la grenade et passez-les à l'extracteur de jus. Passez le reste des ingrédients à l'extracteur de jus puis mélangez avec le jus de grenade.

Ce jus contient la moitié de l'apport journalier
recommandé en vitamine C.

 **EG** *Élimine les graisses* **D** *Détoxifiant* **PP** *Purifie la peau*

# JUS REMÈDE
*Salé*

### INGRÉDIENTS
¼ de radicchio • 6 radis

1 pomme rouge • 1 petit bouquet de blette

½ citron vert • 2 carottes

---

Passez tous les ingrédients à l'extracteur de jus.

Très bien pourvu en vitamines B2 et B6, ce jus tonifiant est excellent pour la peau et le cerveau.

 *Immunisant* *Antioxydant* *Alcalinisant*

# JUS ÉNERGISANT

*Terreux*

### INGRÉDIENTS

1 poignée de chou frisé • 2 poignées de cresson • 1 betterave
25 g de gingembre • 2 petites carottes • 1 poignée d'épinard
1 pomme rouge • 1 orange

---

Passez tous les ingrédients à l'extracteur de jus.

Ce jus est bourré de minéraux et de vitamines, particulièrement d'acide folique.

RMO *Renforce les muscles et les os* P *Purifiant* I *Immunisant*

# BRUXELLES

*Légèrement sucré*

### INGRÉDIENTS

1 poignée de choux de Bruxelles

2 poignées de fraises • ½ laitue pommée • 1 orange

Passez tous les ingrédients à l'extracteur de jus.

Ce jus possède une teneur élevée en vitamine C et vous procurera
une sensation de satiété.

 **FD** *Favorise la digestion* **AI** *Anti-inflammatoire* **P** *Purifiant*

# JUS POUR LE CERVEAU

*Légèrement sucré*

### INGRÉDIENTS

2 poignées de cresson • ½ citron vert • ½ citron • 2 poires
2 nectarines • 1 cuillerée à café de spiruline

---

Passez tous les ingrédients à l'extracteur de jus à l'exception de la spiruline.
Mettez la spiruline dans un verre puis versez lentement le jus, tout
en mélangeant, pour bien incorporer la poudre. On trouve la spiruline
dans la plupart des magasins bio et sur Internet.

Excellent pour le cerveau, ce jus est par ailleurs riche en vitamine B12, une vitamine essentielle au bon fonctionnement des nerfs et des tissus.

**BM** *Booste le métabolisme* **A** *Alcalinisant* **AO** *Antioxydant*

# JUS DE POPEYE

*Légèrement sucré*

### INGRÉDIENTS

2 poignées d'épinard

⅓ d'ananas

2 poignées de framboises

———

Passez tous les ingrédients à l'extracteur de jus.

Plein de vitamines et de minéraux, ce jus va faire monter en flèche
votre taux de fer.

 *Booste le métabolisme*  *Bénéfique pour la peau*  *Favorise la digestion*

# BRÛLEUR DE GRAISSES
*Salé*

INGRÉDIENTS

3 carottes

1 poignée de chou frisé

½ citron • 50 g de gingembre

——————

Passez tous les ingrédients à l'extracteur de jus.

Riche en fibres et stimulant, ce jus favorise la circulation sanguine
et est efficace pour combattre les infections.

 **BM** *Booste le métabolisme* **RMO** *Renforce les muscles et les os* **I** *Immunisant*

# JUS POUR LA DIGESTION

*Terreux*

### INGRÉDIENTS

2 papayes • 2 poignées de chou frisé

1 poire • 2 brins de menthe

1 citron vert

———————

Passez tous les ingrédients à l'extracteur de jus.

Ce jus est plein de vitamine C et a un effet apaisant pour le corps.

**ES** *Enrichit le sang* **FD** *Favorise la digestion* **AI** *Anti-inflammatoire*

# TOMATES & FENOUIL

*Salé*

INGRÉDIENTS

2 tomates • ½ concombre

1 bulbe de fenouil • 1 pomme rouge

1 petit bouquet de persil

———

Passez tous les ingrédients à l'extracteur de jus.

Ce jus possède une teneur élevée en lycopène, une substance bénéfique pour la santé du cœur.

 Bénéfique pour la peau **D** Détoxifiant **I** Immunisant

# BAIES EN FORCE

*Sucré*

## INGRÉDIENTS

2 poignées de myrtilles • 2 poignées de cassis

2 brins de basilic • 2 betteraves

Passez tous les ingrédients à l'extracteur de jus.

Bourré d'antioxydants, ce jus est excellent pour le sang.

**ES** *Enrichit le sang* **AI** *Anti-inflammatoire* **FD** *Favorise la digestion*

# FRAMBOISES & MENTHE

*Sucré*

### INGRÉDIENTS

2 poignées de framboises • ½ citron vert

2 brins de menthe

1 pêche • 2 poignées d'épinard

---

Passez tous les ingrédients à l'extracteur de jus.

Riche en vitamine C et en antioxydants, ce jus participe
à une bonne santé générale.

SO Stimule l'organisme   P Purifiant   FD Favorise la digestion

# FRAISES

*Un peu sucré*

### INGRÉDIENTS
4 poignées de fraises

2 tomates

½ chou vert

---

Passez tous les ingrédients à l'extracteur de jus.

Très bonne source de vitamine C, ce jus contribue également à stimuler le système cardiovasculaire.

**EG** *Élimine les graisses*  **ES** *Enrichit le sang*  **I** *Immunisant*

# JUS DÉTOXIFIANT

*Un peu sucré*

### INGRÉDIENTS
¼ de chou vert • 1 pomme rouge
2 branches de céleri
¼ de melon Galia

---

Passez tous les ingrédients à l'extracteur de jus.

Ce jus possède une teneur élevée en vitamines C et K
et est excellent pour purifier le foie.

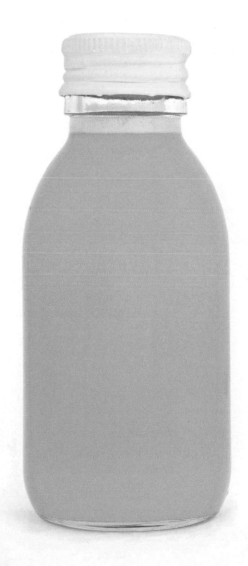 Bénéfique pour la peau 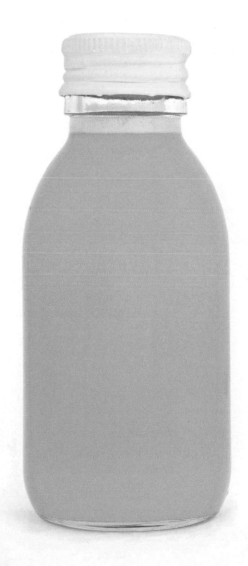 Renforce les muscles et les os  Stimule l'organisme

# CAROTTES

*Un peu sucré*

INGRÉDIENTS

4 carottes

1 pomme rouge

1 patate douce

---

Passez tous les ingrédients à l'extracteur de jus.

Très bien pourvu en bêtacarotène et en vitamine A, ce jus va aussi donner un coup de fouet à vos organes et à votre peau.

I— Immunisant  SC Stimule le cerveau  BP Bénéfique pour la peau

# LE PURIFICATEUR

*Salé*

INGRÉDIENTS

1 branche de céleri • 1 petit bouquet de persil
1 poignée de chou frisé • ½ petite tête de brocoli
1 petit bouquet de feuilles de pissenlit • ¼ de melon • 1 kiwi

---

Passez tous les ingrédients à l'extracteur de jus.

Ce jus riche en potassium et en calcium
est l'un des meilleurs qui soient.

 *Bénéfique pour la peau*  *Favorise la digestion*  *Stimule l'organisme*

# FENOUIL

*Terreux*

INGRÉDIENTS

1 bulbe de fenouil

¼ de chou rouge

4 pommes rouges

Passez tous les ingrédients à l'extracteur de jus.

Ce jus plein de vitamine C permet de réduire les inflammations.

 *Détoxifiant*  *Enrichit le sang*  *Favorise la digestion*

# JUS VIOLET AU GINGEMBRE

*Sucré*

INGRÉDIENTS

1 betterave

2 oranges

25 g de gingembre

———————

Passez tous les ingrédients à l'extracteur de jus.

C'est un jus idéal à boire avant de faire de l'exercice car il favorise
l'absorption de l'oxygène par les cellules sanguines.

**BM** *Booste le métabolisme* **SO** *Stimule l'organisme* **ES** *Enrichit le sang*

# SMOOTHIES

*Les smoothies ne sont vraiment pas difficiles à faire. Vous pouvez les préparer en grandes quantités et les conserver au réfrigérateur pendant quelques jours. La plupart des recettes vous permettront d'obtenir 500 ml de smoothie en ajoutant 100 ml d'eau, mais vous pouvez ajouter autant d'eau que vous le souhaitez pour obtenir la consistance désirée. Lorsque la recette préconise l'emploi de citrons, d'oranges et de citrons verts, pelez-les puis mixez le fruit entier. Il est parfois indiqué de presser dans un premier temps l'agrume afin de rendre la boisson plus liquide.*

# DÉLICE AUX FRAISES

*Sucré*

### INGRÉDIENTS
2 bok choy • 2 poignées de fraises
1 petite grappe de raisins rouges
1 banane

Passez les ingrédients au blender, puis ajoutez de l'eau si nécessaire
afin d'obtenir la consistance souhaitée.

Ce smoothie bourré de vitamine K est bon pour la santé des os et réduit les inflammations.

**AO** *Antioxydant* **EG** *Élimine les graisses* **FD** *Favorise la digestion*

# ÉPINARD & BAIES

*Sucré*

### INGRÉDIENTS

2 poignées d'épinard

1 poignée de framboises • 1 poignée de myrtilles

2 oranges

---

Passez les ingrédients au blender, puis ajoutez de l'eau si nécessaire
afin d'obtenir la consistance souhaitée.

Très bien pourvu en vitamines et en fer, ce smoothie vous aidera
à combattre les infections urinaires.

ES Enrichit le sang  BP Bénéfique pour la peau  P Purifiant

# SMOOTHIE TONIQUE À LA BANANE

*Légèrement sucré*

INGRÉDIENTS

1 laitue romaine

1 banane

1 poignée de feuilles de menthe

———————

Passez les ingrédients au blender, puis ajoutez de l'eau si nécessaire
afin d'obtenir la consistance souhaitée.

Ce smoothie est une bonne source de vitamine B6, de vitamine C et de potassium. Il contribuera à vous procurer une sensation de calme.

**D** *Diurétique* **ES** *Enrichit le sang* **AI** *Anti-inflammatoire*

# SMOOTHIE TROPICAL AU CHOU

*Sucré*

### INGRÉDIENTS

½ chou vert • ⅓ d'ananas

2 mangues • 25 g de gingembre

1 cuillerée à café de miel

Passez les ingrédients au blender (à l'exception du miel), puis ajoutez
de l'eau si nécessaire afin d'obtenir la consistance souhaitée.
Ajoutez le miel avant de boire.

Ce smoothie plein de vitamines C et K facilite la digestion.

# CHOU FRISÉ & COCO
*Sucré*

### INGRÉDIENTS
2 poignées de chou frisé • 1 banane • ⅓ d'ananas

2 cuillerées à soupe de noix de coco râpée

½ brique d'eau de coco (environ 25 cl)

Passez les ingrédients au blender, puis ajoutez de l'eau si nécessaire
afin d'obtenir la consistance souhaitée.

Riche en vitamines A, C et K, c'est un excellent smoothie antibactérien.

**I** *Immunisant* **EG** *Élimine les graisses* **RMO** *Renforce les muscles et les os*

# POIRE & BOK CHOY

*Légèrement sucré*

## INGRÉDIENTS

1 poignée de chou frisé • 1 bok choy

2 poires • 1 poignée de fraises

1 filet de jus de citron vert

---

Passez les ingrédients au blender, puis ajoutez de l'eau si nécessaire
afin d'obtenir la consistance souhaitée.

Ce smoothie possède une teneur élevée en antioxydants
et est excellent pour les yeux.

**FD** *Favorise la digestion* **I** *Immunisant* **ES** *Enrichit le sang*

# FIBRES À GOGO

*Légèrement sucré*

### INGRÉDIENTS

1 laitue romaine • 1 bok choy

5 abricots • 1 poignée de myrtilles

1 banane • 1 petite grappe de raisins blancs

———

Passez les ingrédients au blender, puis ajoutez de l'eau si nécessaire
afin d'obtenir la consistance souhaitée.

Très bien pourvu en vitamines C et K, ce smoothie
est excellent pour le système digestif.

 Purifiant **ES** Enrichit le sang **D** Détoxifiant

# SMOOTHIE ALCALINISANT

*Légèrement sucré*

### INGRÉDIENTS

2 poignées de chou frisé • 2 brins de menthe

1 orange • ½ citron

—————

Passez les ingrédients au blender, puis ajoutez de l'eau si nécessaire
afin d'obtenir la consistance souhaitée.

Ce smoothie plein de vitamines A, C et K est réputé calmer le stress.

 *Anti-inflammatoire* **ES** *Enrichit le sang* **D** *Diurétique*

# MYRTILLES & CHOU FRISÉ

*Légèrement sucré*

## INGRÉDIENTS

2 poignées de chou frisé • 2 poignées de myrtilles
2 poires • ½ citron, pressé

Passez les ingrédients au blender, puis ajoutez de l'eau si nécessaire
afin d'obtenir la consistance souhaitée.

Bourré de vitamines A, C et K, ce smoothie enrichira votre sang.

 *Anti-inflammatoire*  *Renforce les muscles et les os*  *Favorise la digestion*

# POUR AVOIR LA PÊCHE

*Légèrement sucré*

### INGRÉDIENTS
2 poignées d'épinard • 2 pêches
1 brin à ½ poignée de feuilles de menthe
1 cuillerée à soupe de miel

---

Passez les ingrédients au blender (à l'exception du miel),
puis ajoutez de l'eau si nécessaire afin d'obtenir la consistance
souhaitée. Ajoutez le miel avant de boire.

Les pêches contribueront à vous procurer une sensation de satiété et vous permettront de faire le plein de vitamine A, de vitamine C et de potassium.

**SO** *Stimule l'organisme* **ES** *Enrichit le sang* **RMO** *Renforce les muscles et les os*

# AVOCAT

*Légèrement salé*

### INGRÉDIENTS

1 avocat

1 petite poignée de feuilles de persil

½ concombre • 2 brins d'aneth • ½ citron, pressé

---

Passez les ingrédients au blender, puis ajoutez de l'eau si nécessaire
afin d'obtenir la consistance souhaitée.

Ce smoothie très bien pourvu en chlorophylle est idéal
pour nettoyer les organes vitaux.

**ES** *Enrichit le sang* **AI** *Anti-inflammatoire* **P** *Purifiant*

# TOMATE & BASILIC

*Salé*

### INGRÉDIENTS

2 tomates • 2 brins de basilic

2 branches de céleri • 2 poignées d'épinard

1 filet de jus de citron

---

Passez les ingrédients au blender, puis ajoutez de l'eau si nécessaire
afin d'obtenir la consistance souhaitée.

Bourrées d'antioxydants, les tomates sont réputées limiter
le risque de cancer.

**BP** *Bénéfique pour la peau* **P** *Purifiant* **SO** *Stimule l'organisme*

# CORIANDRE & ÉPICES

*Salé*

### INGRÉDIENTS

1 poignée de feuilles de coriandre • 1 bok choy • 1 pomme rouge
2 branches de céleri • 25 g de gingembre • 1 pincée de curcuma
1 pincée de piment de Cayenne • 1 filet de jus de citron

Passez les ingrédients au blender, puis ajoutez de l'eau si nécessaire
afin d'obtenir la consistance souhaitée.

Ce smoothie possède une teneur élevée en fer et est idéal pour lutter contre les affections digestives.

 *Booste le métabolisme* *Enrichit le sang* *Immunisant*

# JALAPEÑO & ORANGE

*Salé et piquant*

### INGRÉDIENTS

3 tranches de piment jalapeño mariné

1 petite poignée de feuilles de coriandre • 1 poignée de chou frisé

25 g de gingembre • 1 gousse d'ail • 2 oranges

---

Passez les ingrédients au blender, puis ajoutez de l'eau si nécessaire
afin d'obtenir la consistance souhaitée.

Ce smoothie riche en vitamines A, C et K possède d'excellentes propriétés médicinales.

 *Anti-inflammatoire*  *Enrichit le sang*  *Alcalinisant*

# SMOOTHIE LÉGER AU FENOUIL

*Salé*

### INGRÉDIENTS

1 bulbe de fenouil • 2 brins d'origan • 2 brins de basilic

2 poignées de chou frisé • ½ concombre

1 tomate • ½ avocat • 1 filet de jus de citron vert

---

Passez les ingrédients au blender, puis ajoutez de l'eau si nécessaire
afin d'obtenir la consistance souhaitée.

Faites du bien à votre peau en buvant ce smoothie,
plein de vitamine C et de fibres.

**D** *Détoxifiant* **ES** *Enrichit le sang* **FD** *Favorise la digestion*

# POUR BIEN DÉMARRER LA JOURNÉE
*Salé*

### INGRÉDIENTS

2 poignées de cresson • 1 cuillerée à soupe de germes de blé

1 cuillerée à soupe de graines de lin • 1 citron, pressé

———

Passez les ingrédients au blender, puis ajoutez de l'eau si nécessaire afin d'obtenir la consistance souhaitée. Pour une touche sucrée, ajoutez du miel.

Ce smoothie qui booste l'organisme va réveiller toutes les cellules de votre corps. Il est riche en vitamine A, en vitamine K et en calcium.

**SO** *Stimule l'organisme* **ES** *Enrichit le sang* **EG** *Élimine les graisses*

# SMOOTHIE FRUITÉ

*Légèrement sucré*

### INGRÉDIENTS

1 gros bouquet de feuilles de coriandre • 2 poignées de fraises
½ brique d'eau de coco (environ 25 cl) • 1 banane

---

Passez les ingrédients au blender, puis ajoutez de l'eau si nécessaire
afin d'obtenir la consistance souhaitée.

Ce smoothie riche en fibres contribue à réduire le cholestérol.

D. *Détoxifiant*  EG. *Élimine les graisses*  SO. *Stimule l'organisme*

# VANILLE & FIGUES

*Légèrement sucré*

## INGRÉDIENTS

4 petites figues ou 2 grosses • 2 poignées d'épinard
2 pêches • 1 pincée de cannelle
2 gouttes d'extrait de vanille

———

Passez les ingrédients au blender, puis ajoutez de l'eau si nécessaire
afin d'obtenir la consistance souhaitée.

Très bonne source de fibres et de potassium, ce smoothie aux propriétés apaisantes est idéal pour les personnes qui souffrent d'anxiété.

*ES* *Enrichit le sang* *RMO* *Renforce les muscles et les os* *SO* *Stimule l'organisme*

# ANANAS

*Légèrement sucré*

### INGRÉDIENTS

⅓ d'ananas

1 petite poignée de feuilles de coriandre

1 banane • 2 brins de menthe

Passez les ingrédients au blender, puis ajoutez de l'eau si nécessaire
afin d'obtenir la consistance souhaitée.

Très bonne source de vitamine C, ce smoothie améliore la digestion.

**FD** *Favorise la digestion* **AI** *Anti-inflammatoire* **D** *Détoxifiant*

# NECTARINE & CITRON

*Aigre-doux*

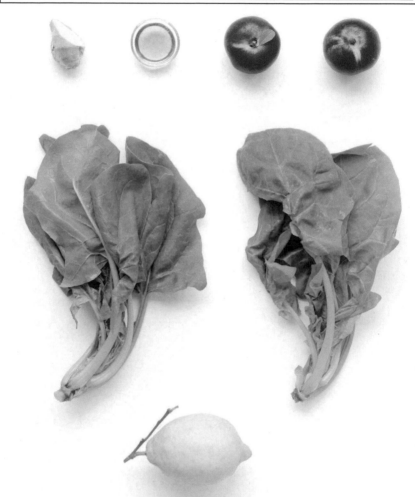

### INGRÉDIENTS

2 poignées d'épinard • 2 nectarines

25 g de gingembre • 1 cuillerée à soupe de miel

1 citron entier, avec le zeste et la peau blanche

---

Passez les ingrédients au blender, puis ajoutez de l'eau si nécessaire
afin d'obtenir la consistance souhaitée.

Ce smoothie plein de vitamines et de fer participe
à la prévention des allergies.

**D** *Diurétique* **A** *Alcalinisant* **AI** *Anti-inflammatoire*

# MANGUES

*Légèrement sucré*

## INGRÉDIENTS

3 grosses mangues

2 poignées de chou frisé

1 cuillerée à café de graines de chia

Passez tous les ingrédients au blender. Ajoutez de l'eau pour obtenir
la consistance désirée car les graines de chia vont épaissir le smoothie.
Vous en trouverez dans la plupart des magasins bio et sur Internet.

Ce smoothie est un véritable cocktail de vitamines A, C et K.

**SO** *Stimule l'organisme* **ES** *Enrichit le sang* **A** *Alcalinisant*

# PASTÈQUE

*Légèrement sucré*

## INGRÉDIENTS

¾ de petite pastèque ou ¼ de grosse pastèque, sans pépins

1 laitue romaine • 1 banane

1 filet de jus de citron

Passez tous les ingrédients au blender à l'exception du citron, puis ajoutez
de l'eau si nécessaire afin d'obtenir la consistance souhaitée.
Ajoutez le jus de citron puis dégustez.

Riche en lycopène, ce smoothie est excellent pour purifier les reins et la vessie.

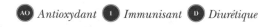 *Antioxydant* • *Immunisant* • *Diurétique*

# PAPAYE & ÉPINARD

*Légèrement sucré*

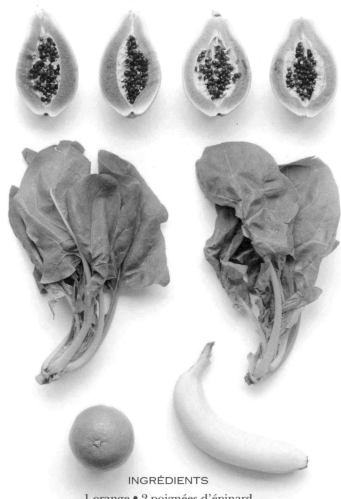

## INGRÉDIENTS

1 orange • 2 poignées d'épinard
2 papayes mûres, sans les graines
1 banane

Pressez l'orange puis passez le reste des ingrédients au blender.
Ajoutez le jus d'orange dans le smoothie, puis ajoutez de l'eau si nécessaire
afin d'obtenir la consistance désirée.

Très bonne source de vitamine C et de fer, ce smoothie aide aussi
à lutter contre le cancer.

I Immunisant BP Bénéfique pour la peau P Purifiant

# SUPER CANTALOUP
*Légèrement sucré*

INGRÉDIENTS

1 laitue romaine

1 melon cantaloup

2 brins de menthe

---

Passez les ingrédients au blender, puis ajoutez de l'eau si nécessaire afin d'obtenir la consistance souhaitée.

Riche en vitamines A et K, ce smoothie est un nettoyant puissant, également efficace pour lutter contre l'anxiété.

**ES** *Enrichit le sang* **AI** *Anti inflammatoire* **D** *Diurétique*

# CASSIS

*Sucré*

## INGRÉDIENTS

1 poignée de cassis

1 mangue • 1 laitue pommée

1 orange

Passez les ingrédients au blender, puis ajoutez de l'eau si nécessaire
afin d'obtenir la consistance souhaitée.

Bourré de vitamine A, de vitamine B6 et de potassium, ce smoothie peut également contribuer à lutter contre les infections urinaires.

(I) *Immunisant*  (SO) *Stimule l'organisme*  (SC) *Stimule le cerveau*

# ALOE VERA & LAITUE

*Légèrement sucré*

### INGRÉDIENTS

1 cuillerée à soupe de jus d'aloe vera

1 petite grappe de raisins rouges

1 laitue rouge • 1 kiwi • 1 orange

---

Passez les ingrédients au blender, puis ajoutez de l'eau si nécessaire
afin d'obtenir la consistance souhaitée. Vous trouverez le jus d'aloe vera
dans la plupart des magasins bio ou sur Internet.

Très bien pourvu en vitamine C, ce smoothie participe à améliorer
la circulation sanguine.

**BP** *Bénéfique pour la peau* **D** *Détoxifiant* **FD** *Favorise la digestion*

# GOJI & MANDARINE

*Légèrement sucré*

INGRÉDIENTS
2 cuillerées à café de baies de goji séchées
1 mangue • 1 mandarine
2 branches de céleri • 1 laitue pommée

Passez les ingrédients au blender, puis ajoutez de l'eau si nécessaire
afin d'obtenir la consistance souhaitée. Vous trouverez des baies de goji
dans la plupart des magasins bio ou sur Internet.

Ce smoothie est un concentré de vitamine C et de bêtacarotène,
qui est excellent pour la peau et réduit les inflammations.

**SC** *Stimule le cerveau*  **AI** *Anti-inflammatoire*  **BP** *Bénéfique pour la peau*

# JUS ORIENTAL

*Légèrement sucré*

### INGRÉDIENTS

1 laitue romaine • 2 pommes rouges

4 dattes • 1 pincée de cannelle moulue

1 orange

---

Passez les ingrédients au blender, puis ajoutez de l'eau si nécessaire
afin d'obtenir la consistance souhaitée.

Ce smoothie plein de vitamines A, K et C participe
à réduire le cholestérol.

**ES** *Enrichit le sang* **EG** *Élimine les graisses* **FD** *Favorise la digestion*

# POIREAU & CONCOMBRE

*Salé*

## INGRÉDIENTS

1 poireau • ½ concombre

½ avocat • 5 radis

1 gousse d'ail • ½ citron

---

Passez les ingrédients au blender, puis ajoutez de l'eau si nécessaire
afin d'obtenir la consistance souhaitée. Pour une note épicée,
ajoutez quelques tranches de piment jalapeño.

Riche en kaempférol et en acide folique, ce smoothie contribue
à nettoyer le corps et à réduire l'accumulation de toxines.

# CRESSON

*Légèrement sucré*

## INGRÉDIENTS

2 poignées de cresson • 1 orange
1 avocat • ½ citron vert

Passez les ingrédients au blender, puis ajoutez de l'eau si nécessaire
afin d'obtenir la consistance souhaitée.

Ce smoothie possède une teneur élevée en vitamines A, C et K, et peut être efficace pour réduire les premiers signes d'un mal de tête.

ES *Enrichit le sang*  BP *Bénéfique pour la peau*  A *Alcalinisant*

# SMOOTHIE TONIQUE POUR LA PEAU

*Légèrement sucré*

## INGRÉDIENTS

½ avocat • ½ botte d'asperges

2 oranges • 1 brin de basilic

1 filet de jus de citron

Passez les ingrédients au blender, puis ajoutez de l'eau si nécessaire
afin d'obtenir la consistance souhaitée.

Riche en nutriments et en fibres, ce smoothie favorise
la beauté de l'intérieur.

 *Stimule l'organisme*  *Enrichit le sang*  *Bénéfique pour la peau*

# MYRTILLES & CHIA

*Légèrement sucré*

## INGRÉDIENTS

2 poignées de myrtilles • 1 orange
1 cuillerée à soupe de graines de chia
½ tête de brocoli

---

Passez les ingrédients au blender, puis ajoutez de l'eau si nécessaire
afin d'obtenir la consistance souhaitée.

Ce smoothie est un aphrodisiaque naturel. Il favorise la digestion et contribue à clarifier l'esprit.

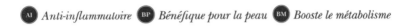 **AI** *Anti-inflammatoire* **BP** *Bénéfique pour la peau* **BM** *Booste le métabolisme*

# SHOTS & LAITS

*Les shots de ce chapitre sont des concentrés
de nutriments à boire quand vous pensez en
avoir besoin. Vous pouvez aussi les ajouter
dans les jus et les smoothies pour un petit
coup de fouet supplémentaire.*

*Les laits d'oléagineux sont extrêmement
nutritifs et peuvent être intégrés dans vos jus
et smoothies, ou bien bus tels quels. Les fruits
à coque sont riches en acides gras mono-
insaturés, qui contribuent à la santé du cœur,
en protéines et en minéraux.*

*Il est préférable de laisser tremper certains
fruits à coque dans de l'eau avant de
les passer au blender, mais ce n'est pas
indispensable. Tous les laits se conservent au
réfrigérateur jusqu'à trois jours.*

# ALOE

*Légèrement sucré*

### INGRÉDIENTS

1 cuillerée à café de jus d'aloe vera

1 pomme verte

Versez le jus d'aloe vera dans un verre. Passez la pomme à l'extracteur de jus
et ajoutez le jus obtenu dans le verre.

Ce shot contribue à faire baisser le taux de cholestérol
et le niveau de sucre dans le sang.

**ES** *Enrichit le sang* **FD** *Favorise la digestion*

## INGRÉDIENTS
1 cuillerée à café de spiruline

1 pomme verte

1 filet de jus de citron

———————

Mettez la spiruline dans un verre. Passez la pomme à l'extracteur de jus puis ajoutez le jus obtenu et le jus de citron dans le verre. Mélangez bien.
La spiruline se trouve dans la plupart des magasins bio et sur Internet.

Un vrai cocktail de vitamines et de minéraux.

 *Stimule l'organisme*  *Purifiant*

# HALTE À LA GRIPPE

*Salé*

### INGRÉDIENTS

1 cuillerée à café de sirop d'agave • 1 pincée de piment de Cayenne
¼ de gousse d'ail • 12 g de gingembre
½ orange • ½ citron

---

Mettez le sirop d'agave dans un verre et ajoutez le piment de Cayenne.
Passez l'ail, le gingembre, l'orange et le citron à l'extracteur de jus, puis ajoutez
le jus obtenu dans le verre. À déconseiller aux petites natures !

Donnez un coup de fouet à votre circulation sanguine en buvant ce shot qui vous aidera aussi à lutter contre les symptômes de la grippe.

I Immunisant    SO Stimule l'organisme

# GINGEMBRE
*Salé*

### INGRÉDIENTS
1 cuillerée à café de sirop d'agave

½ citron

50 g de gingembre

---

Mettez le sirop d'agave dans un verre. Passez le citron et le gingembre
à l'extracteur de jus, ajoutez le jus obtenu dans le verre et mélangez bien.

Ce shot est bon pour le système respiratoire et pour le cœur.

**FD** *Favorise la digestion* **ES** *Enrichit le sang*

# LAIT DE NOIX DU BRÉSIL

*Légèrement sucré*

### INGRÉDIENTS

150 g de noix du Brésil • 2 cuillerées à soupe d'huile de coco

2 cuillerées à soupe de sirop d'agave

1 cuillerée à café de vanille • 1 pincée de sel de mer

———————

Pour un lait plus savoureux, laissez tremper les noix du Brésil dans de l'eau jusqu'à 6 heures. Laissez sécher les noix avant de commencer.

Mettez tous les ingrédients dans un blender avec 600 ml d'eau, et mixez pendant au moins 1 minute. Pour de meilleurs résultats, passez la préparation obtenue dans une étamine ou un morceau de mousseline, en appuyant avec une louche pour obtenir le plus de liquide possible.

Ce lait spécial est plein de fibres, de sélénium et de vitamine E.

**ES** *Enrichit le sang* **I** *Immunisant* **SO** *Stimule l'organisme*

# LAIT DE PIGNONS DE PIN

*Riche et sucré*

### INGRÉDIENTS

75 g de pignons de pin

2 cuillerées à soupe de miel

---

Il n'est pas nécessaire de laisser tremper les pignons de pin.

Mettez les ingrédients dans un blender avec 250 ml d'eau puis mixez pendant
1 bonne minute. Passez la préparation obtenue à travers une étamine
ou un morceau de mousseline en appuyant avec une louche pour obtenir
le plus de liquide possible.

Ce délicieux lait est un concentré de vitamine A
et est très bon pour le cœur.

Ⓘ *Immunisant* ⓔⓖ *Élimine les graisses*

# LAIT D'AMANDES

*Légèrement sucré*

### INGRÉDIENTS

150 g d'amandes • 2 cuillerées à soupe d'huile de coco
2 cuillerées à soupe de sirop d'agave
1 cuillerée à café d'extrait de vanille • 1 pincée de sel

———

Pour de meilleurs résultats, laissez tremper les amandes pendant
6 à 8 heures puis égouttez-les.

Passez les ingrédients au blender avec 600 ml d'eau jusqu'à l'obtention
d'une consistance lisse et crémeuse. Passez la préparation obtenue à travers
une étamine ou un morceau de mousseline en appuyant avec une louche
pour obtenir le plus de liquide possible.

C'est un lait idéal pour faire baisser le cholestérol.

 *Renforce les muscles et les os* **AO** *Antioxydant*

# LAIT DE GRAINES DE CITROUILLE

*Légèrement sucré*

## INGRÉDIENTS

125 g de graines de citrouille • 2 dattes

2 cuillerées à soupe de miel

1 pincée de sel

---

Passez tous les ingrédients au blender avec 500 ml d'eau.

Passez la préparation obtenue à travers une étamine ou un morceau
de mousseline au-dessus d'un grand récipient en appuyant avec une louche
pour obtenir le plus de liquide possible.

Très bien pourvu en zinc, ce lait vous aidera à bien dormir
et agira positivement sur votre humeur.

 Alcalinisant  Anti-inflammatoire

# LAIT DE NOIX DE CAJOU AU CHOCOLAT

*Légèrement sucré*

## INGRÉDIENTS

100 g de noix de cajou • 30 g de cacao en poudre
1 cuillerée à soupe d'huile de coco • 2 cuillerées à soupe de sirop d'agave
1 cuillerée à café d'extrait de vanille • ½ cuillerée à café de sel

———————

Passez tous les ingrédients au blender avec 600 ml d'eau, à vitesse élevée.
Mettez au frais avant de servir. Pour un goût un peu plus sucré, augmentez
la quantité de sirop d'agave.

Ce lait est bourré de protéines qui ont un effet positif sur l'humeur.

**I** *Immunisant* **AI** *Anti-inflammatoire* **ES** *Enrichit le sang*

# LAIT DE NOIX DE PÉCAN

*Légèrement sucré*

## INGRÉDIENTS

115 g de noix de pécan, grillées et non salées • 3 dattes

2 cuillerées à soupe de sirop d'agave • 1 cuillerée à soupe d'huile de coco

1 ½ cuillerée à café de cannelle moulue • ½ cuillerée à café d'extrait de vanille

———————

Pour de meilleurs résultats, laissez tremper les noix de pécan pendant
la nuit ou pendant 6 à 8 heures.

Placez tous les ingrédients dans un blender avec 360 ml d'eau et mixez
pendant au moins 1 minute. Placez au frais avant de boire.

Ce lait contient plus de 20 vitamines et minéraux essentiels.

 Enrichit le sang  Favorise la digestion  Stimule le cerveau

# INDEX

Pour plus d'informations sur les extracteurs de jus et les blenders mentionnés dans cet ouvrage, rendez vous sur :

www.vitamix.com
www.blendtec.com
www.pro-juice.co.uk
www.magimix.fr
www.omegajuicers.com

**Ouvrage coréalisé en Grande-Bretagne par :**
Coordination éditoriale : Catie Ziller
Suivi éditorial : Anna Osborn
Auteur : Fern Green
Photographies : Deirdre Rooney
Graphisme : Helen McTeer

**Pour la traduction française :**
Traduction : Constance de Mascureau
Préparation des textes : Lucie Léna
Relecture : Véronique Dussidour
Maquette : Gérard Lamarche

Pour Marabout, le principe est d'utiliser des papiers composés de fibres naturelles, renouvelables, recyclables et fabriquées à partir de bois issus de forêts qui adoptent un système d'aménagement durable. En outre, Marabout attend de ses fournisseurs de papier qu'ils s'inscrivent dans une démarche de certification environnementale reconnue.

© Hachette Livre (Marabout), 2014.

4134029/02
ISBN : 978-2-501-08918-0
Dépôt légal : février 2014
Achevé d'imprimer en juin 2014
sur les presses de Graficas Estella, Espagne.

**MARABOUT**
s'engage pour l'environnement
en réduisant l'empreinte carbone
de ses livres.
Celle de cet exemplaire est de :
802 g éq. CO$_2$
PAPIER À BASE DE     Rendez-vous sur
FIBRES CERTIFIÉES    www.marabout-durable.fr